AF187999

Impressum
Verlag: BABADADA GmbH, Nedderfeld 112 , 22529 Hamburg
Geschäftsführer / Verlagsleitung: Harald Hof
Druck: Books on Demand GmbH, In de Tarpen 42, 22848 Norderstedt

Imprint
Publisher: BABADADA GmbH, Nedderfeld 112 , 22529 Hamburg, Germany
Managing Director / Publishing direction: Harald Hof
Print: Books on Demand GmbH, In de Tarpen 42, 22848 Norderstedt, Germany

школа

школа

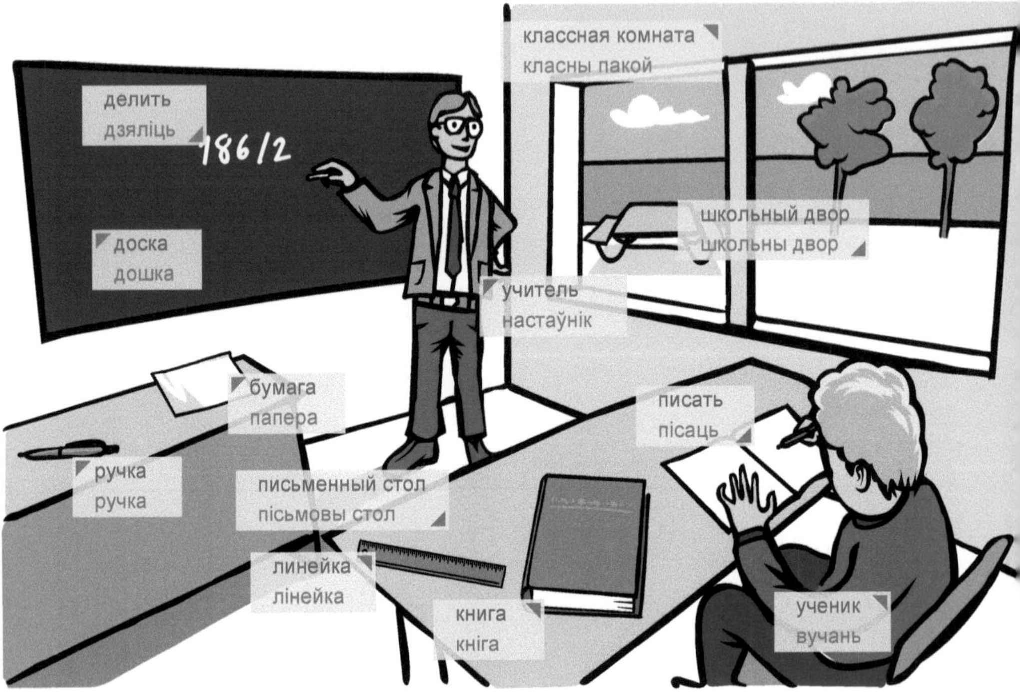
классная комната
класны пакой
делить
дзяліць
186/2
доска
дошка
школьный двор
школьны двор
учитель
настаўнік
бумага
папера
писать
пісаць
ручка
ручка
письменный стол
пісьмовы стол
линейка
лінейка
книга
кніга
ученик
вучань

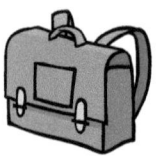

ранец

ранец

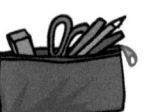

пенал

пенал

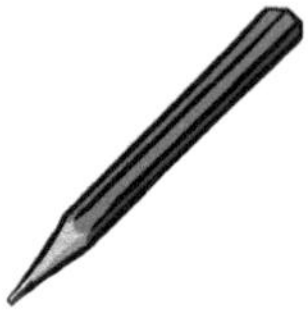

карандаш

просты аловак

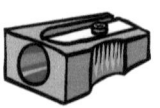

точилка

тачылка для алоўкаў

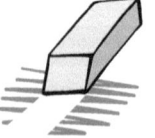

ластик

гумка

альбом для рисования

альбом для малявання

рисунок

малюнак

кисточка

пэндзлік

коробка красок

фарбы

ножницы

нажніцы

клей

клей

тетрадь

сшытак

домашняя работа

хатняе заданне

12

цифра

лік

2+2

прибавлять

дадаваць

5-2

вычитать

адымаць

2×2

умножать

множыць

считать

лічыць

A

буква

літара

ABCDEFG
HIJKLMN
OPQRSTU
VWXYZ

алфавит

алфавіт

hello

слово

слова

текст
....
тэкст

читать
....
чытаць

мел
....
крэйда

урок
....
ўрок

классный журнал
....
класны журнал

экзамен
....
экзамен

диплом
....
атэстат

школьная форма
....
школьная форма

образование
....
адукацыя

энциклопедия
....
энцыклапедыя

университет
....
універсітэт

микроскоп
....
мікраскоп

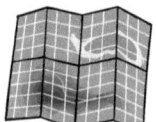

карта
....
карта

корзина для бумаг
....
смеццевы кошык

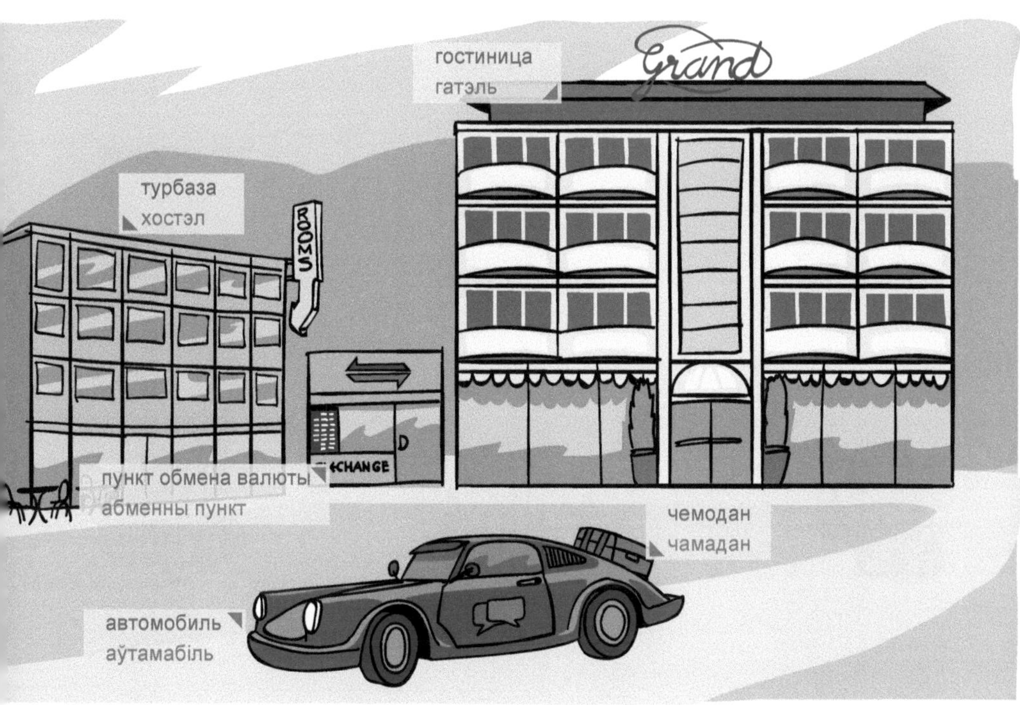

гостиница
гатэль

турбаза
хостэл

ROOMS

пункт обмена валюты
абменны пункт

EXCHANGE

чемодан
чамадан

автомобиль
аўтамабіль

язык
мова

да / нет
так / не

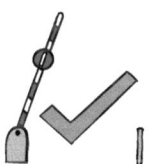

хорошо
добра

Привет
прывітанне!

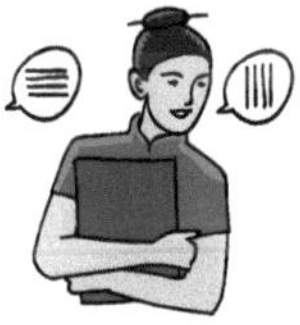

переводчик
перекладчык

Спасибо
дзякуй

Сколько стоит...?

Колькі каштуе....?

Я не понимаю

я не разумею

проблема

праблема

Добрый вечер!

Добры вечар!

Доброе утро!

Добрай раніцы!

Доброй ночи!

Дабранач!

До свидания

да пабачэння

направление

кірунак

багаж

багаж

сумка

сумка

рюкзак

заплечнік

гость

госць

комната

пакой

спальный мешок

спальны мяшок

палатка

палатка

туристическая
информация
інфармацыя для турыстаў

пляж
пляж

кредитная карточка
крэдытная картка

завтрак
снеданне

обед
абед

ужин
вячэра

билет
праязны білет

лифт
ліфт

почтовая марка
паштовая марка

граница
мяжа

таможня
мытня

посольство
пасольства

виза
віза

паспорт
пашпарт

путешествие - падарожжа 7

транспорт

транспарт

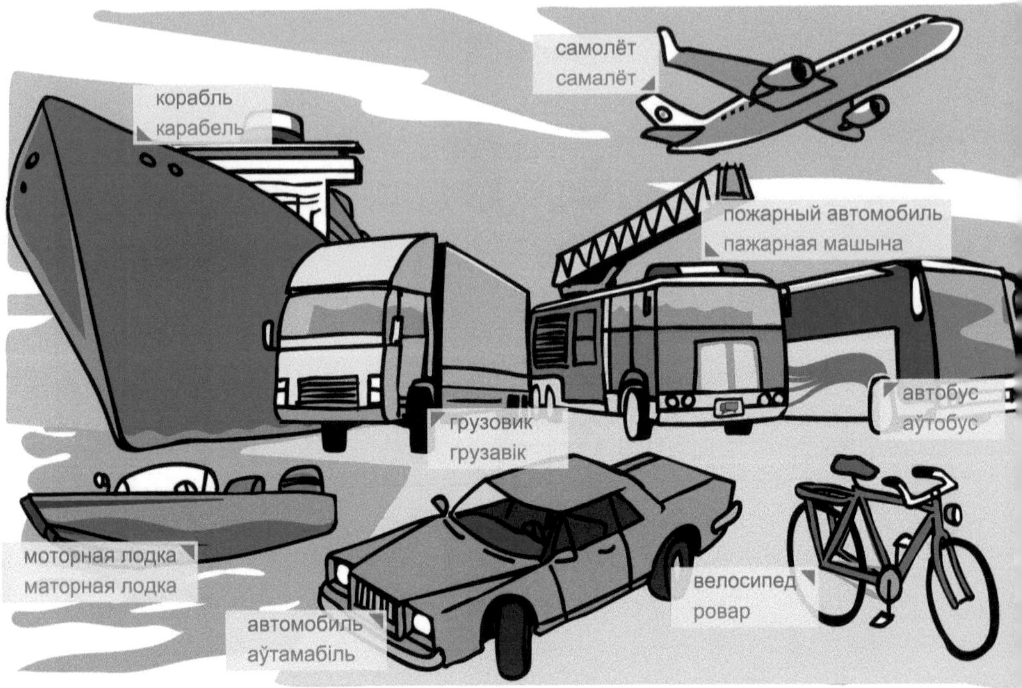
самолёт
самалёт
корабль
карабель
пожарный автомобиль
пажарная машына
автобус
аўтобус
грузовик
грузавік
моторная лодка
маторная лодка
велосипед
ровар
автомобиль
аўтамабіль

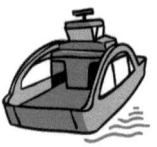

паром

паром

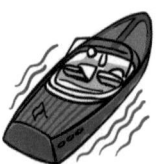

лодка

лодка

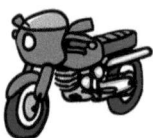

мотоцикл

матацыкл

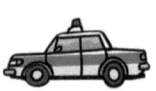

полицейский автомобиль

паліцэйская машына

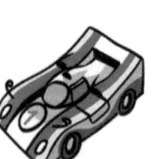

гоночный автомобиль

гоначны аўтамабіль

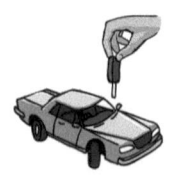

арендованный автомобиль

арэндаваны аўтамабіль

совместное пользование
автомобилями
....
сумеснае карыстанне
аўтамабілем

буксировочный
автомобиль
эвакуатар

мусоровоз
....
смеццявоз

двигатель
....
матор

топливо
....
паліва

заправка
....
запраўка

дорожный знак
....
дарожны знак

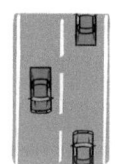

движение
....
дарожны рух

пробка
....
затор

автостоянка
....
паркоўка

вокзал
....
чыгуначная станцыя

рельсы
....
рэйкі

поезд
....
цягнік

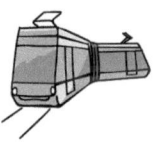

трамвай
....
трамвай

вагон
....
вагон

вертолёт

верталёт

аэропорт

аэрапорт

вышка

вежа

пассажир

пасажыр

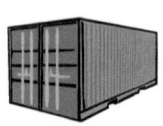

контейнер

кантэйнер

коробка

кардонная скрыня

тележка

тачка

корзина

карзіна

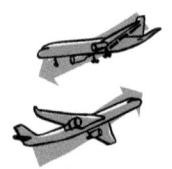

взлетать / приземляться

ўзлятаць / прызямляцца

город

горад

деревня

вёска

центр города

цэнтр горада

дом

дом

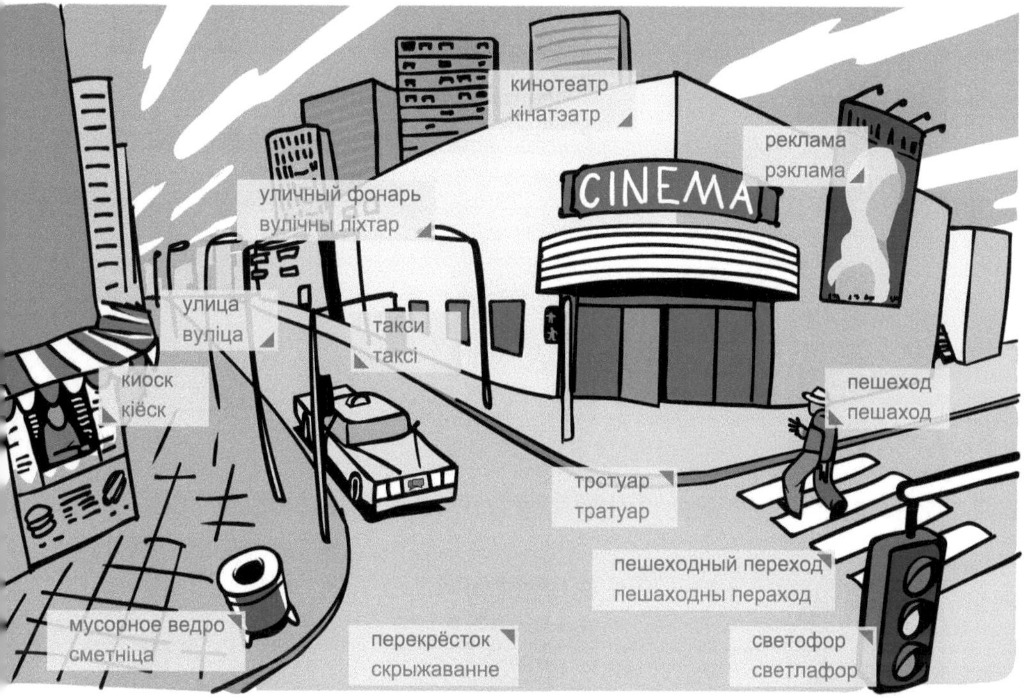

кинотеатр
кінатэатр

реклама
рэклама

уличный фонарь
вулічны ліхтар

улица
вуліца

такси
таксі

CINEMA

пешеход
пешаход

киоск
кіёск

тротуар
тратуар

пешеходный переход
пешаходны пераход

мусорное ведро
сметніца

перекрёсток
скрыжаванне

светофор
светлафор

хижина

халупа

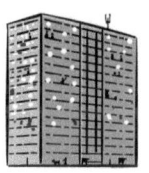

квартира

кватэра

вокзал

чыгуначная станцыя

ратуша

ратуша

музей

музей

школа

школа

университет

універсітэт

банк

банк

больница

шпіталь

гостиница

гатэль

аптека

аптэка

офис

офіс

книжный магазин

кнігарня

магазин

крама

цветочный магазин

кветкавая крама

супермаркет

супермаркет

рынок

кірмаш

универмаг

універмаг

торговец рыбой

рыбная крама

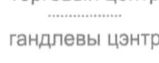

торговый центр

гандлевы цэнтр

порт

порт

парк

парк

скамейка

лава

мост

мост

лестница

лесвіца

метро

метро

тоннель

тунэль

автобусная остановка

прыпынак

бар

бар

ресторан

рэстаран

почтовый ящик

паштовая скрыня

табличка с названием
улицы

вулічны паказальнік

паркометр

паркамат

зоопарк

заапарк

бассейн

басейн

мечеть

мячэць

город - горад

ферма

сядзіба

загрязнение окружающей среды

забруджванне навакольнага асяроддзя

кладбище

могілкі

церковь

царква

детская площадка

пляцоўка для гульні

храм

храм

ландшафт

краявід

лист
ліст

дорожный указатель
паказальнік

дорога
дарога

луг
луг

камень
камень

дерево
дрэва

путешественник
падарожнік

река
рака

дерево
дрэва

трава
трава

цветок
кветка

долина
даліна

гора
гара

озеро
возера

лес
лес

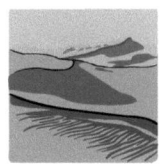

пустыня
пустыня

вулкан
вулкан

замок
замак

радуга
вясёлка

гриб
грыб

пальма
пальма

комар
камар

муха
муха

муравей
мурашка

пчела
пчала

паук
павук

ландшафт - краявід

жук
жук

лягушка
жаба

белка
вавёрка

еж
вожык

заяц
заяц

сова
сава

птица
птушка

лебедь
лебедзь

кабан
дзік

олень
алень

лось
лось

плотина
плаціна

ветряной генератор
вятрак

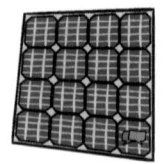

солнечная батарея
сонечная батарэя

климат
клімат

ресторан
рэстаран

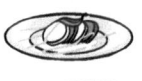

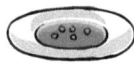

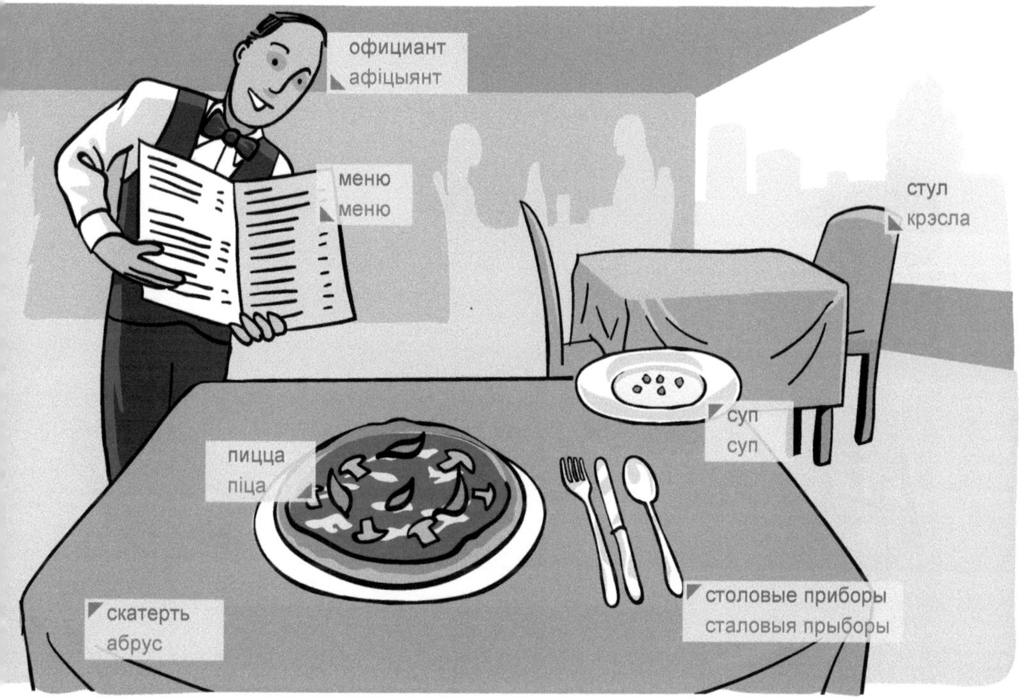
официант
афіцыянт
меню
меню
стул
крэсла
суп
суп
пицца
піца
столовые приборы
сталовыя прыборы
скатерть
абрус

закуска

закуска

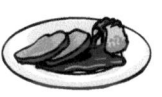

главное блюдо

другая страва

десерт

дэсерт

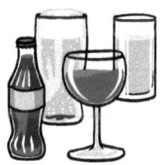

напитки

напоі

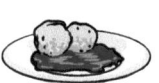

еда

ежа

бутылка

бутэлька

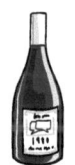

фастфуд

хуткае харчаванне (фаст-
фуд)

уличная еда

стрыт-фуд

чайник

імбрык (чайнік)

сахарница

цукарніца

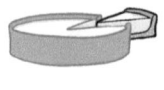

порция

порцыя

кофеварка

эспрэса-машына

детский стульчик

дзіцячае крэселка

счет

рахунак

поднос

паднос

нож

нож

вилка

відэлец

ложка

лыжка

чайная ложка

чайная лыжка

салфетка

сурвэтка

стакан

шклянка

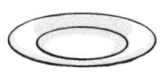

тарелка

талерка

суповая тарелка

супавая талерка

блюдце

сподак

соус

соус

солонка

сальніца

мельница для перца

млынок для перцу

уксус

воцат

масло

алей

специи

спецыі

кетчуп

кетчуп

горчица

гарчыца

майонез

маянэз

супермаркет

супермаркет

специальное предложение
акцыя
FOR
покупатель
пакупнік
молочные продукты
малочныя прадукты
фрукты
садавіна
тележка для покупок
вазок

BUTCHERS

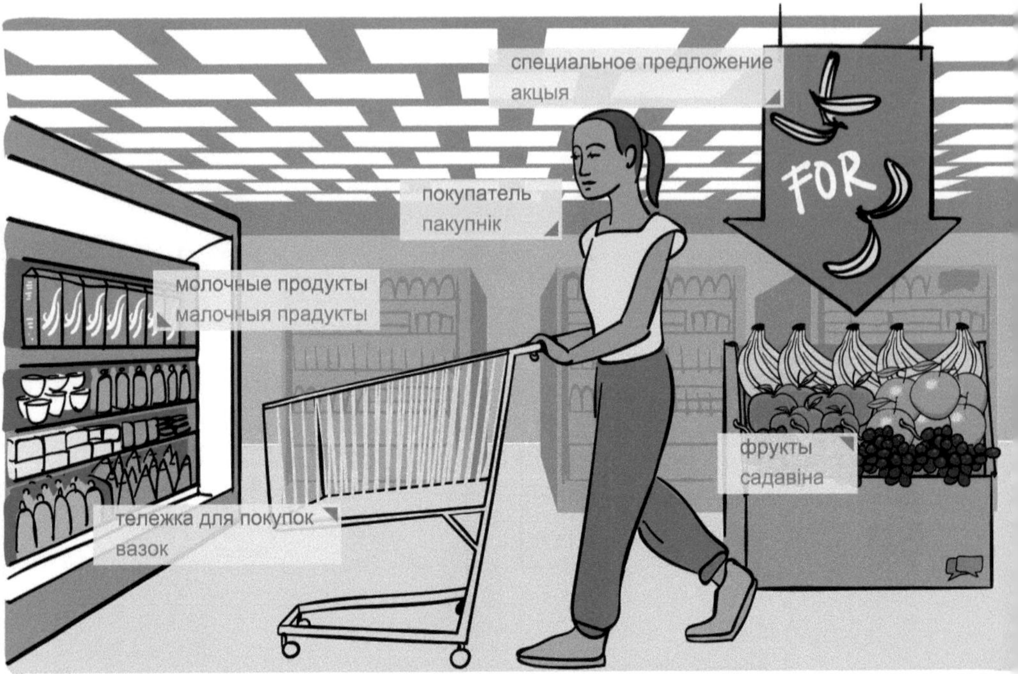

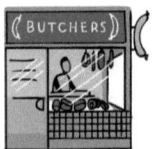

мясной магазин

мясная крама

BAKERY

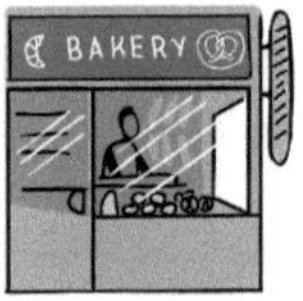

пекарня

хлебны магазін

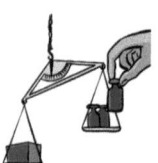

взвешивать

важыць

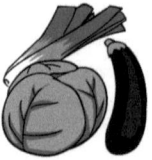

овощи

гароднiна

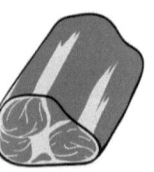

мясо

мяса

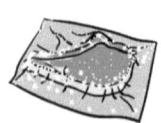

быстрозамороженные продукты

свежазамарожаныя прадукты

нарезка

нарэзка

консервы

кансервы

стиральный порошок

пральны парашок

сладости

прысмакі

предмет домашнего обихода

хатнія прылады

моющее средство

чысцячы сродак

продавщица

прадавец

касса

каса

кассир

касір

список покупок

спіс пакупак

время работы

гадзіны працы

бумажник

бумажнік

кредитная карточка

крэдытная картка

сумка

сумка

полиэтиленовый пакет

пакет

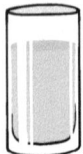

вода

вада

сок

сок

молоко

малако

кока-кола

кола

вино

віно

пиво

піва

алкоголь

алкаголь

какао

какава

чай

гарбата (чай)

кофе

кава

эспрессо

эспрэса

капучино

капучына

банан
банан

яблоко
яблык

апельсин
апельсін

арбуз
дыня

лимон
лімон

морковь
морква

чеснок
часнок

бамбук
бамбук

лук
цыбуля

гриб
грыб

орехи
арэхі

лапша
локшына

спагетти

спагеці

рис

рыс

салат

салата

картофель фри

бульба фры

жареный картофель

смажаная бульба

пицца

піца

гамбургер

гамбургер

сэндвич

бутэрброд

шницель

шніцаль

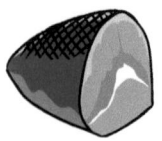

ветчина

вяндліна

салями

салямі

колбаса

каўбаса

курица

курыца

жаркое

смажаніна

рыба

рыбак

овсяные хлопья

аўсяныя камякі

мюсли

мюслі

кукурузные хлопья

кукурузныя шматкі

мука

мука

круассан

круасан

булочка

булачка

хлеб

хлеб

тост

тост

печенье

пячэнне

масло

масла

творог

тварог

пирог

пірог

яйцо

яйка

яичница

яечня

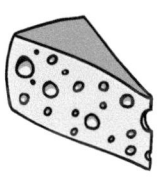

сыр

сыр

мороженое

марожанае

сахар

цукар

мёд

мёд

мармелад

варэнне

крем с нугой

нуга

карри

кары

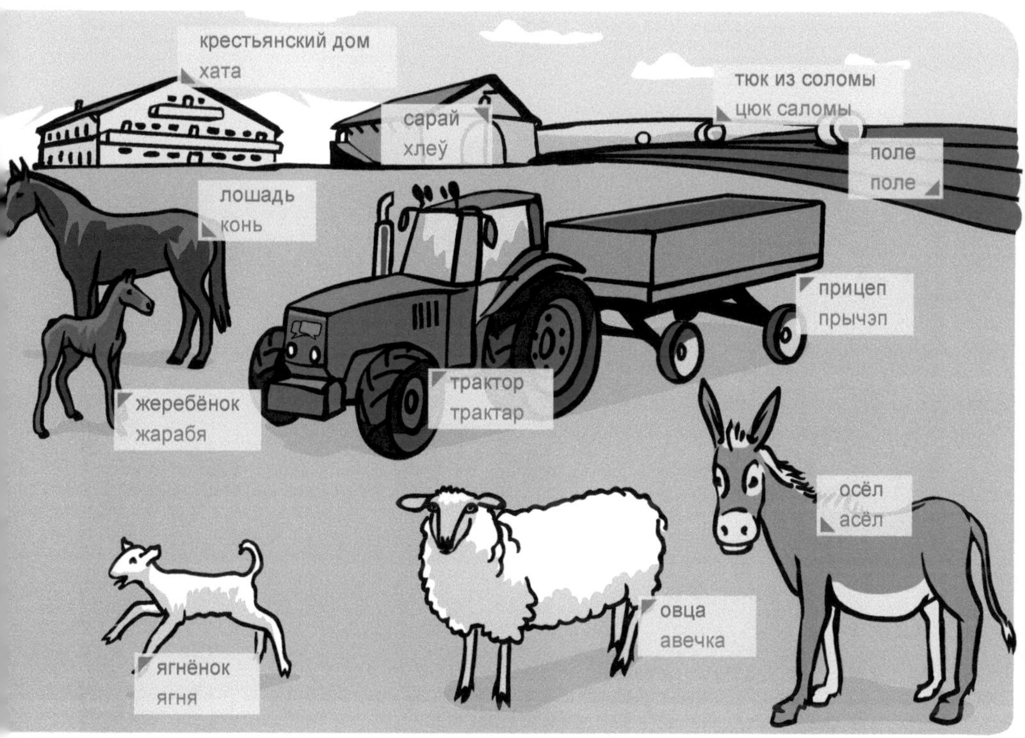

крестьянский дом
хата

сарай
хлеў

тюк из соломы
цюк саломы

поле
поле

лошадь
конь

прицеп
прычэп

жеребёнок
жарабя

трактор
трактар

осёл
асёл

ягнёнок
ягня

овца
авечка

коза
каза

корова
карова

телёнок
цяля

свинья
свіння

поросёнок
парася

бык
бык

гусь
гусак

утка
качка

цыплёнок
кураня

курица
курыца

петух
певень

крыса
пацук

кошка
кот

мышь
мыш

вол
вол

собака
сабака

конура
сабачая будка

садовый шланг
садовы шланг

лейка
палівачка

коса
каса

плуг
плуг

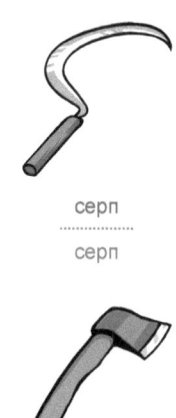

серп
серп

мотыга
матыка

навозные вилы
вілы для гною

топор
сякера

тачка
тачка

корыто
карыта

бидон для молока
бітон для малака

мешок
мех

забор
плот

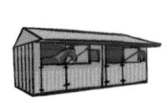

хлев
хлеў

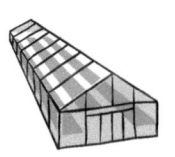

теплица
цяпліца

почва
глеба

посев
насенне

удобрение
угнаенне

комбайн
камбайн

собирать урожай

збіраць ураджай

урожай

ураджай

ямс

ямс

пшеница

пшаніца

соя

соя

картофель

бульба

кукуруза

кукуруза

рапс

рапс

фруктовое дерево

садовае дрэва

маниок

маніёк

злаки

збожжа

дымоход
комін

крыша
дах

водосточный желоб
вадасцёк

окно
акно

гараж
гараж

звонок
званок

дверь
дзверы

мусорное ведро
вядро для смецця

почтовый ящик
паштовая скрыня

сад
сад

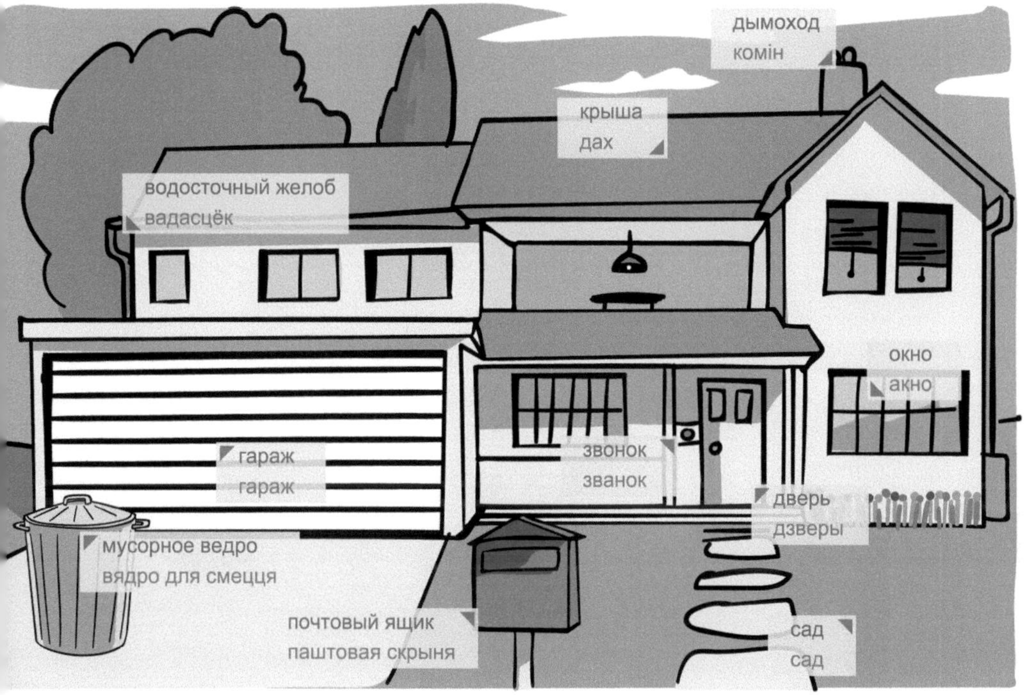

гостиная

жылы пакой

ванная комната

ванная

кухня

кухня

спальня

спальны пакой

детская комната

дзіцячы пакой

столовая

сталоўка

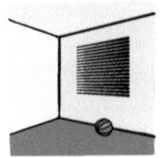

пол
....
падлога

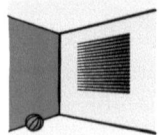

стена
....
сцяна

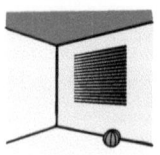

потолок
....
столь

подвал
....
падвал

сауна
....
саўна

балкон
....
балкон

терраса
....
тэраса

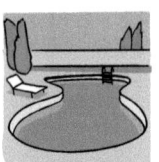

бассейн
....
басейн

газонокосилка
....
касілка

пододеяльник
....
падкоўдранік

покрывало
....
коўдра

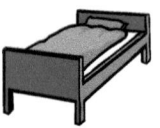

кровать
....
ложак

метла
....
венік

ведро
....
вядро

выключатель
....
выключальнік

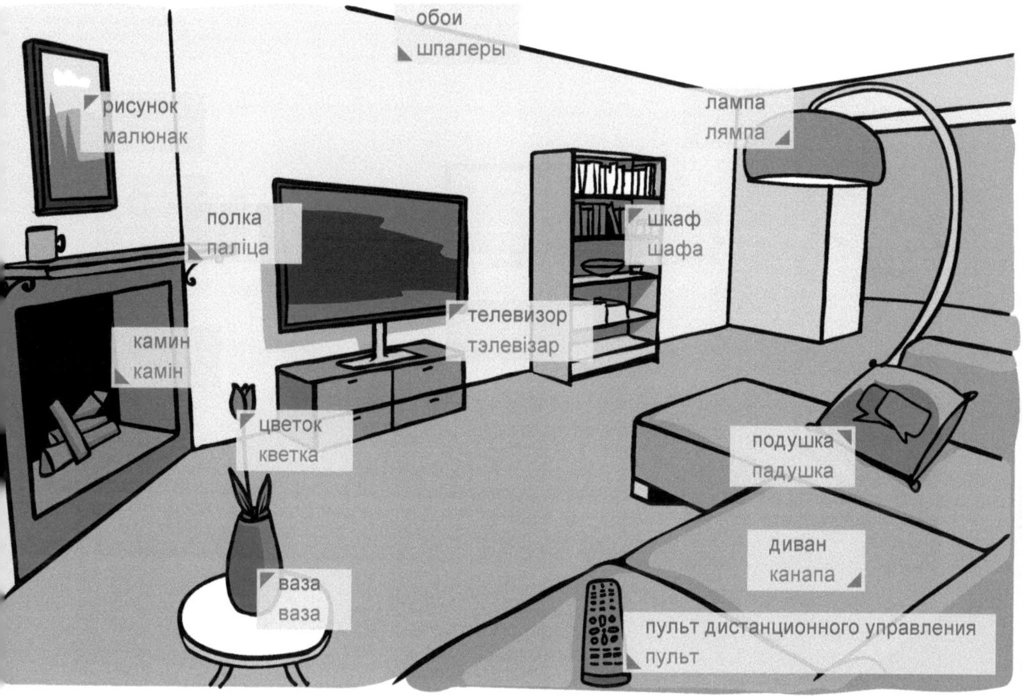

обои
шпалеры

рисунок
малюнак

лампа
лямпа

полка
паліца

шкаф
шафа

камин
камін

телевизор
тэлевізар

цветок
кветка

подушка
падушка

диван
канапа

ваза
ваза

пульт дистанционного управления
пульт

ковёр
дыван

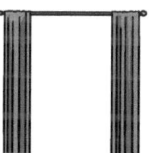

штора
фіранка

стол
стол

стул
крэсла

кресло-качалка
крэсла-качалка

кресло
крэсла

книга
кніга

покрывало
коўдра

украшение
дэкарацыя

дрова
дровы

фильм
кіно

стереосистема
стэрэасістэма

ключ
ключ

газета
газета

картина
карціна

плакат
постар

радио
радыё

блокнот
нататнік

пылесос
пыласос

кактус
кактус

свеча
свечка

кухня

кухня

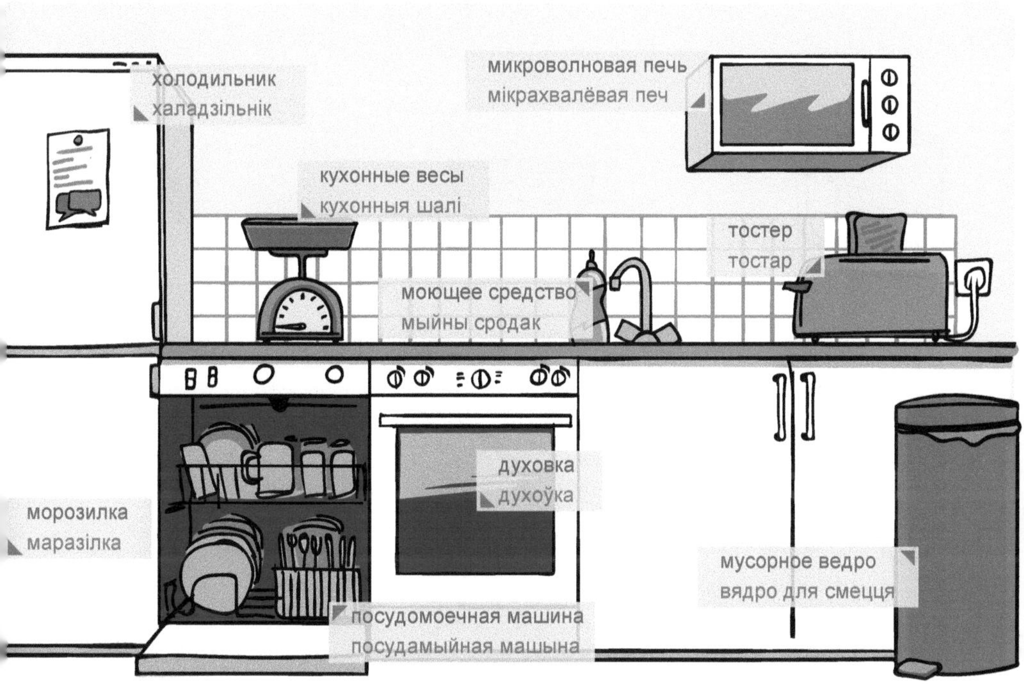
холодильник
халадзільнік
микроволновая печь
мікрахвалёвая печ
кухонные весы
кухонныя шалі
тостер
тостар
моющее средство
мыйны сродак
духовка
духоўка
морозилка
маразілка
мусорное ведро
вядро для смецця
посудомоечная машина
посудамыйная машына

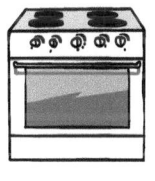

плита

пліта

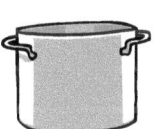

кастрюля

рондаль

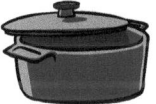

чугунный котелок

чыгунок

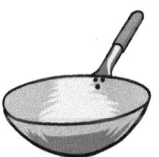

вок / кадай

Вок / кадаі

сковорода

патэльня

чайник

чайнік

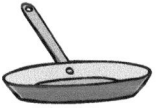

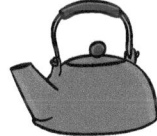

пароварка

параварка

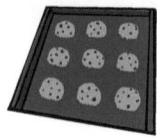

противень

бляха

посуда

посуд

кружка

кубак

миска

міска

палочки для еды

палачкі для ежы

половник

чарпак

лопатка

лапатачка

сбивалка

збівалка

сито

сіта для варэння

сито

сіта

тёрка

тарка

ступка

ступка

гриль

грыль

костёр

вогнішча

кухня - кухня

доска
дошка

скалка
качалка

штопор
штопар

жестяная банка
бляшанка

консервный нож
адкрывалка

прихватка
прыхваткі

раковина
ракавіна

щетка
шчотка

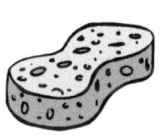

губка
губка

миксер
міксер

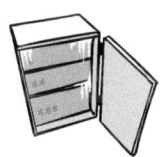

морозильная камера
маразільная камера

бутылочка для кормления
бутэлечка

кран
вадаправодны кран

ванная комната

ванная

душ
душ
отопление
ручніковы сушыцель
полотенце
ручнік
душевая занавеска
штора для душа
пенистая ванна
пенная ванна
ванна
ванна
стакан
шклянка
стиральная машина
мыйная машына
кран
вадаправодны кран
плитка
плітка
горшок
начны гаршчок
раковина
ракавіна

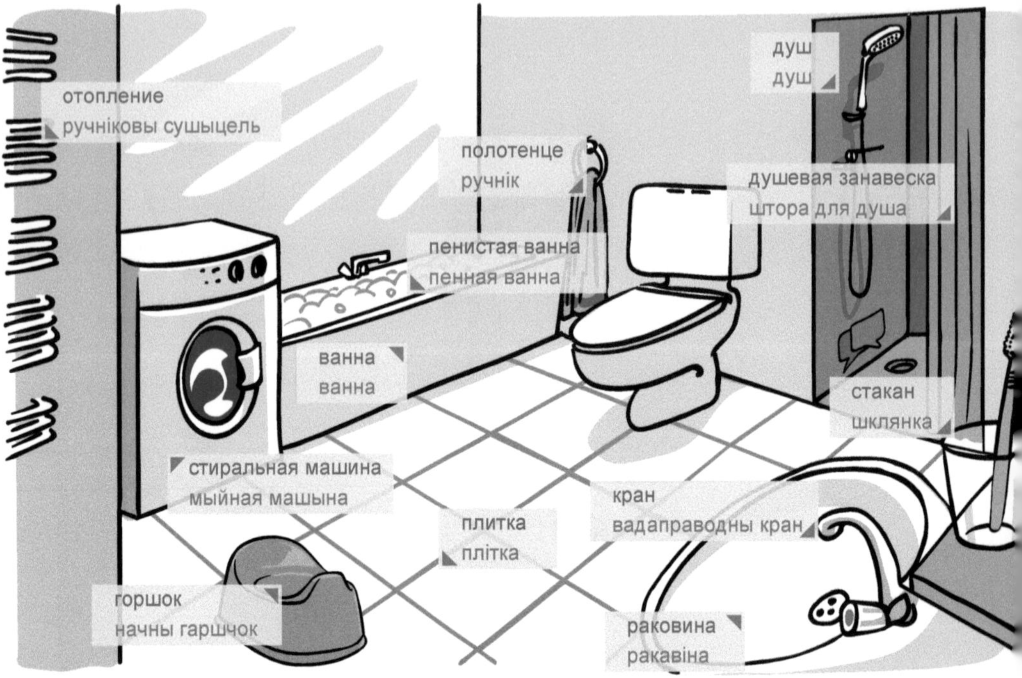

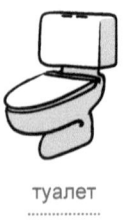

туалет

туалет

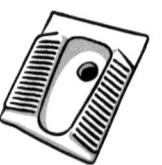

напольный унитаз

падлогавы ўнітаз

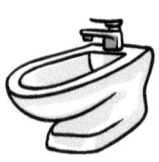

биде

бідэ

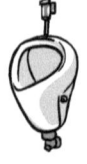

писсуар

пісуар

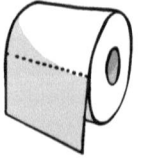

туалетная бумага

туалетная папера

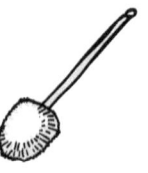

ершик

шчотка для чысткі ўнітаза

зубная щетка

зубная шчотка

зубная паста

зубная паста

зубная нить

зубная нітка

мыть

мыць

ручной душ

ручны душ

интимный душ

інтымны душ

таз

умывальнік

щетка для спины

шчотка для спіны

мыло

мыла

гель для душа

гель для душа

шампунь

шампунь

мочалка

вяхотка

сток

вадасцёк

крем

крэм

дезодорант

дэзадарант

зеркало

люстэрка

ручное зеркало

касметычнае люстэрка

бритва

станок для галення

пена для бритья

пена для галення

лосьон после бритья

ласьён пасля галення

расческа

грэбень

щетка

шчотка

фен

фен

лак для волос

лак для валасоў

косметика

касметыка

губная помада

памада

лак для ногтей

лак для пазногцяў

вата

вата

маникюрные ножницы

манікюрныя нажніцы

духи

духі

косметичка

касметычка

табуретка

табурэтка

весы

вагі

халат

лазневы халат

резиновые перчатки

санітарныя пальчаткі

тампон

тампон

гигиеническая прокладка

гігіенічныя пракладкі

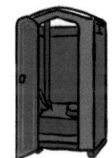

биотуалет

біятуалет

детская комната
дзіцячы пакой

будильник
будзільнік
мягкая игрушка
мяккая цацка
игрушечный автомобиль
цацачная машынка
погремушка
бразготка
кукольный домик
лялечны домік
подарок
падарунак

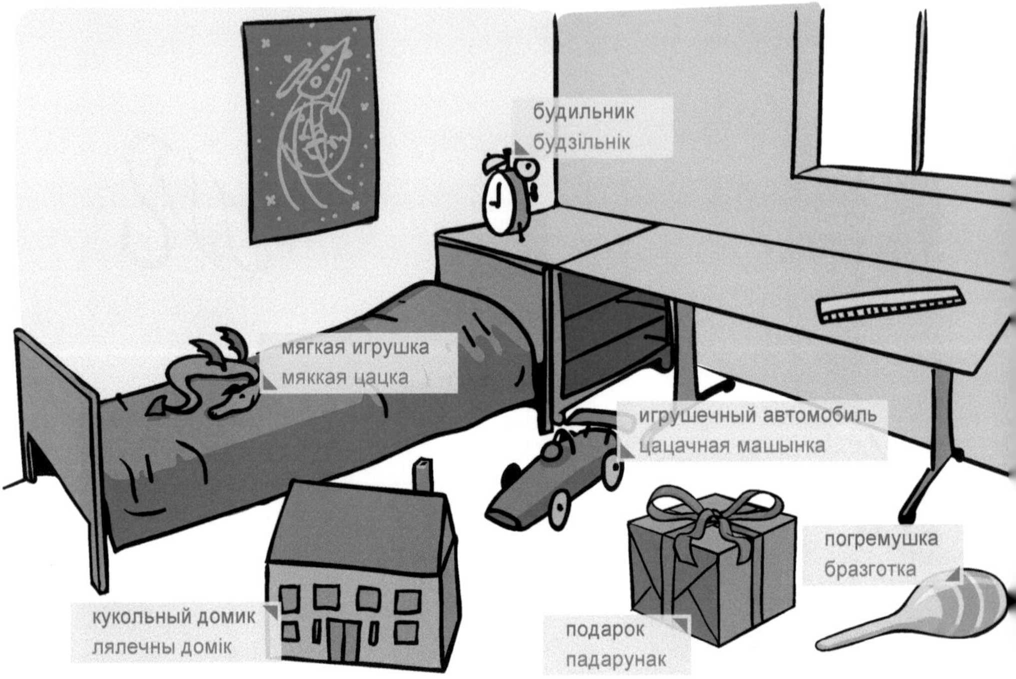

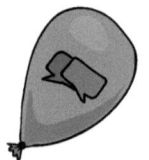

воздушный шар

надзіманы шарык

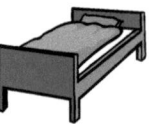

кровать

ложак

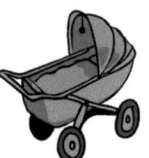

детская коляска

дзіцячая каляска

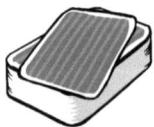

карточная игра

калода картаў

пазл

пазл

SUPER
MEGA

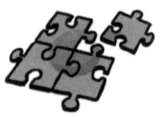

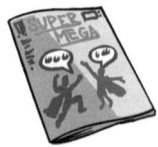

комикс

комікс

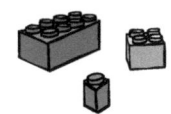

кирпичики Лего

канструктар "Лега"

кубики

канструктар

игрушечная фигурка

экшэн-фігурка

ползунки

дзіцячы гарнітур

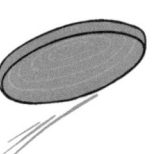

фрисби

фрызбі

мобиле

дзіцячы мабіль

настольная игра

настольная гульня

кубик

кубік

модель железной дороги

дзіцячая чыгунка

соска

пустышка

вечеринка

дзіцячае свята

книга с картинками

кніга з малюнкамі

мяч

мячык

кукла

лялька

играть

гуляцца

песочница

пясочніца

качели

арэлі

игрушка

цацкі

игровая приставка

гульнявая відэа прыстаўка

трёхколесный велосипед

трохколавы ровар

плюшевый медвежонок

плюшавы мішка

шкаф для одежды

шафа

одежда

адзенне

носки

шкарпэткі

чулки

панчохі

колготки

калготкі

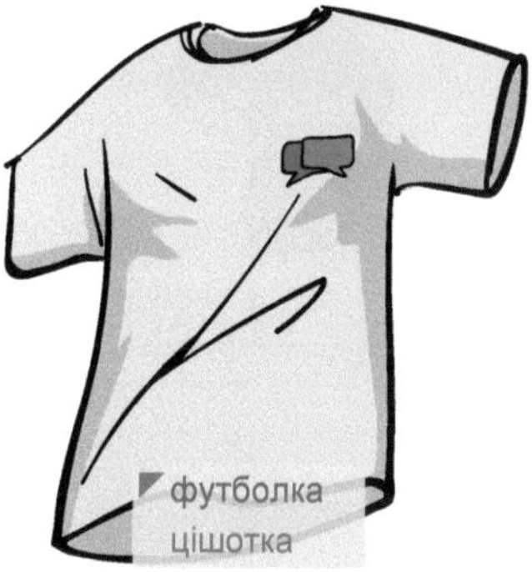

шарф
шалік

ремень
рамень

зонтик
парасон

футболка
цішотка

сапоги
боты

тапки
пантоплі

кроссовки
красоўкі

сандалии
....
сандалі

ботинки
....
абутак

резиновые сапоги
....
гумовыя боты

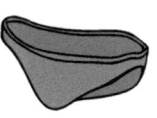

трусы
....
трусы

бюстгальтер
....
бюстгальтар

майка
....
майка

боди

бодзі

брюки

штаны

джинсы

джынсы

юбка

спадніца

блузка

блузка

рубашка

кашуля

свитер

джэмпер

свитер

талстоўка

спортивная куртка

блэйзер

жакет

куртка

пальто

паліто

плащ

дажджавік

костюм

касцюм

платье

сукенка

свадебное платье

вясельная сукенка

мужской костюм

касцюм

ночная сорочка

начная сарочка

пижама

піжама

сари

сары

платок

хустка

тюрбан

цюрбан

паранджа

паранджа

кафтан

каптан

абайя

Абая

купальник

купальнік

плавки

плаўкі

шорты

шорты

спортивный костюм

спартыўны касцюм

фартук

фартух

перчатки

пальчаткі

пуговица

гузік

очки

акуляры

браслет

бранзалет

цепочка

каралі

кольцо

кальцо

серьга

завушніца

шапка

кепка

вешалка

вешалка

шляпа

капялюш

галстук

гальштук

застежка молния

маланка

шлем

шлем

подтяжки

падцяжкі

школьная форма

школьная форма

форма

уніформа

детский нагрудник

нагруднік

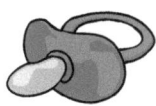

соска

пустышка

подгузник

падгузнік

сервер
сервер

канцелярский шкаф
канцылярская шафа

монитор
манітор

бумага
папера

принтер
прынтэр

мышь
мыш

письменный стол
пісьмовы стол

папка
тэчка

клавиатура
клавіятура

корзина для бумаг
смеццевы кошык

стул
крэсла

компьютер
кампутар

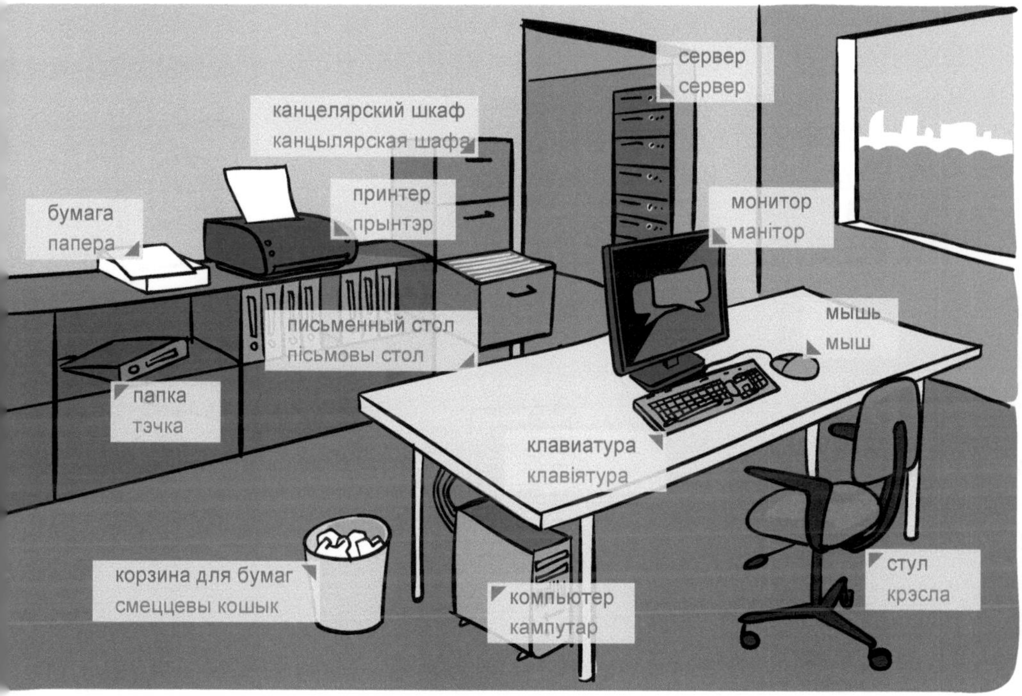

кофейная кружка

бак для кавы (філіжанка)

калькулятор

калькулятар

интернет

інтэрнэт

ноутбук

ноўтбук

письмо

ліст

сообщение

паведамленне

мобильный телефон

мабільны тэлефон

сеть

сетка

ксерокс

ксеракс

программа

праграмнае забеспячэнне

телефон

тэлефон

розетка

разетка

факс

факс

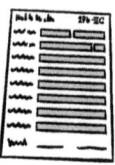

формуляр

фармуляр

документ

дакумент

покупать
купляць

платить
плаціць

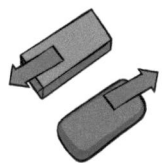

торговать
гандляваць

деньги
грошы

доллар
долар

евро
еўра

иена
ена

рубль
рубель

франк
франк

жэньминьби юань
кітайскі юань

рупия
рупія

банкомат
банкамат

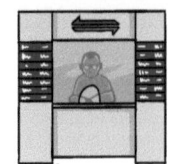

пункт обмена валюты

абменны пункт

золото

золата

серебро

срэбра

нефть

нафта

энергия

энергія

цена

цана

договор

кантракт

налог

падатак

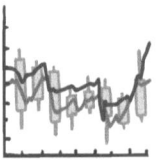

акция

акцыя

работать

працаваць

служащий

служачы

работодатель

працадаўца

фабрика

фабрыка

магазин

крама

профессии

прафесіі

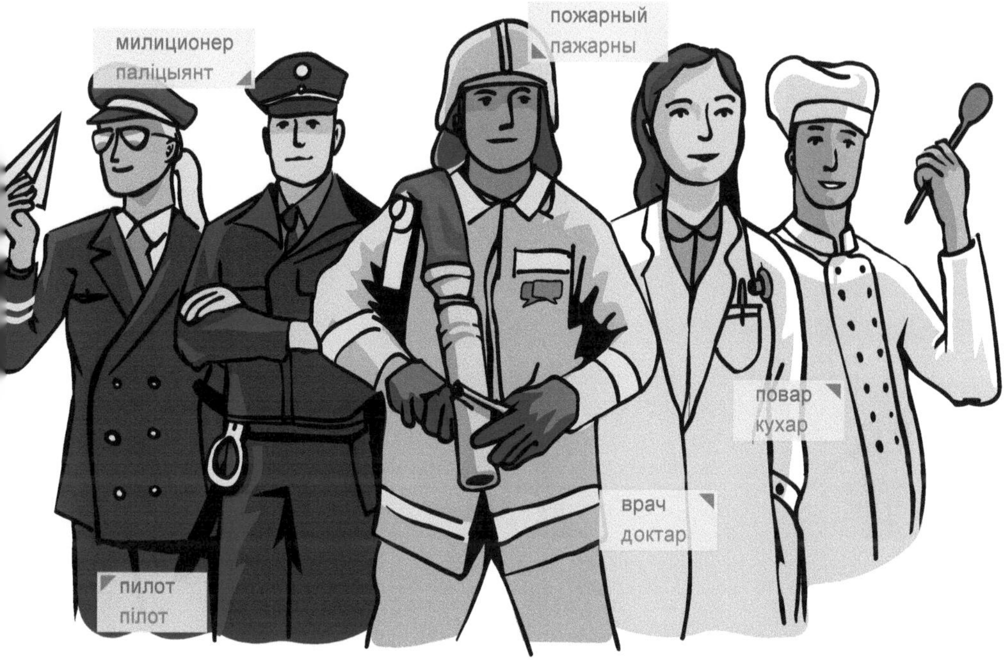
милиционер
паліцыянт
пожарный
пажарны
повар
кухар
врач
доктар
пилот
пілот

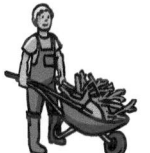

садовник

садоўнік

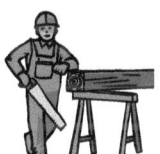

столяр

слесар

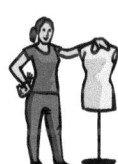

швея

швачка

судья

суддзя

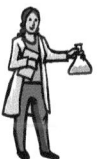

химик

хімік

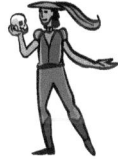

актёр

артыст

водитель автобуса

кіроўца аўтобуса

таксист

таксіст

рыбак

рыбак

уборщица

прыбіральшчыца

кровельщик

страхар

официант

афіцыянт

охотник

паляўнічы

художник

мастак

пекарь

пекар

электрик

электрык

строитель

будаўнік

инженер

інжынер

мясник

мяснік

сантехник

сантэхнік

почтальон

паштальён

солдат

салдат

архитектор

архітэктар

кассир

касір

флорист

фларыст

парикмахер

цырульнік

кондуктор

кандуктар

механик

механік

капитан

капітан

зубной врач

стаматолаг

ученый

вучоны

раввин

рабін

имам

імам

монах

манах

священник

святар

инструменты
інструменты

молоток
малаток
плоскогубцы
пласкагубцы
отвёртка
адвёртка
гаечный ключ
гаечны ключ
карманный фо
ліхтарык

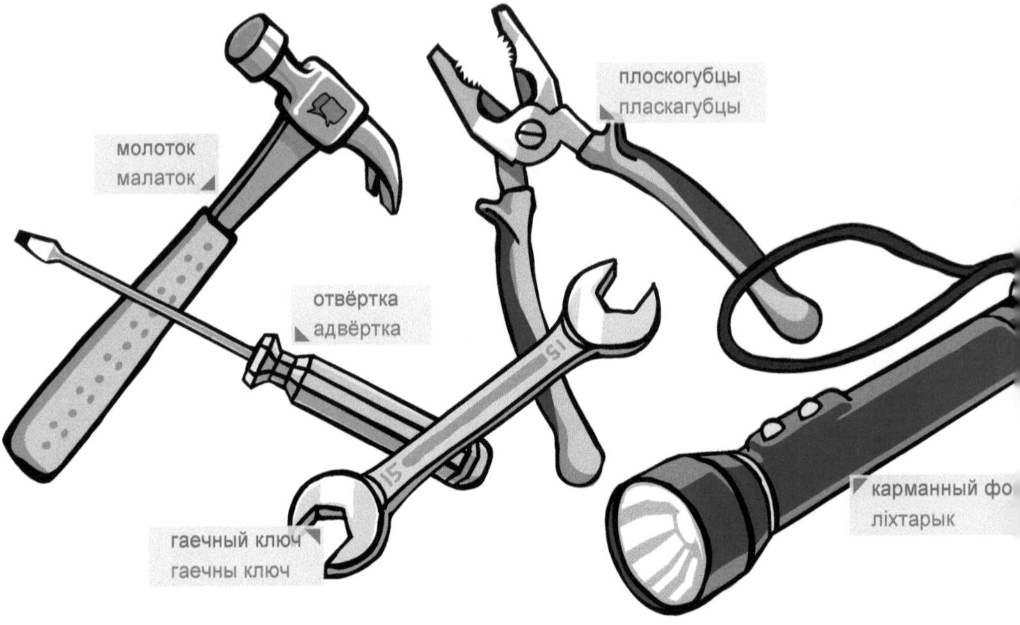

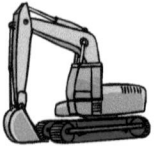

экскаватор

экскаватар

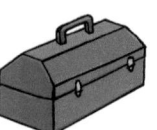

ящик для инструментов

скрыня для інструментаў

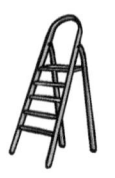

стремянка

дравіны

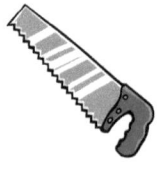

пила

піла

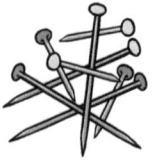

гвозди

цвікі

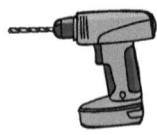

дрель

дрыль

ремонтировать

рамантаваць

лопата

рыдлеўка

Блин!

Халера!

совок

шуфлік для смецця

ведро с краской

вядро з фарбаю

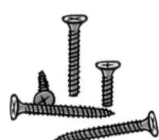

винты

балты

музыкальные инструменты
музычныя інструменты

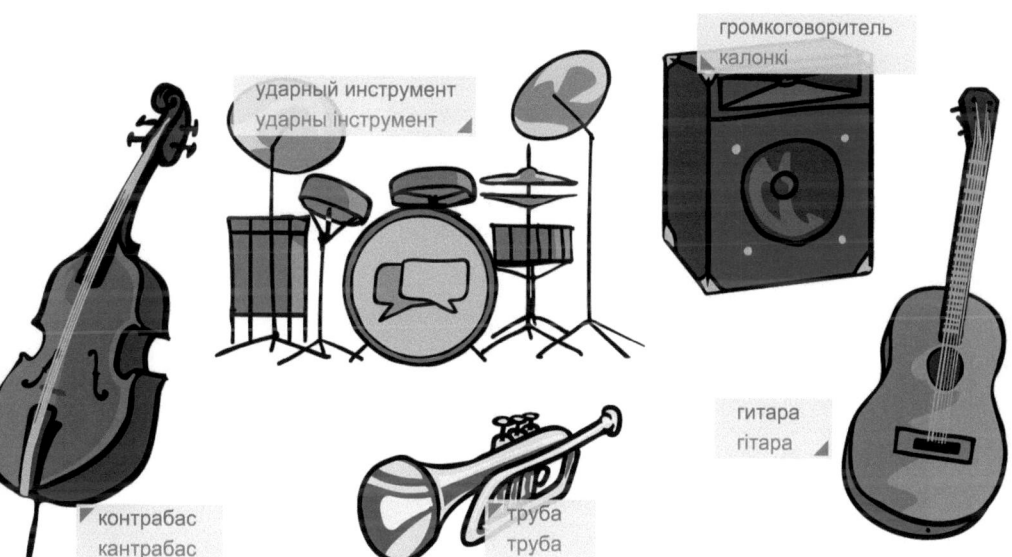

ударный инструмент
ударны інструмент

громкоговоритель
калонкі

контрабас
кантрабас

труба
труба

гитара
гітара

пианино

піяніна

скрипка

скрыпка

бас-гитара

басгітара

литавры

літаўры

барабан

барабан

синтезатор

клавішны электрамузычны інструмент

саксофон

саксафон

флейта

флейта

микрофон

мікрафон

зоопарк

заапарк

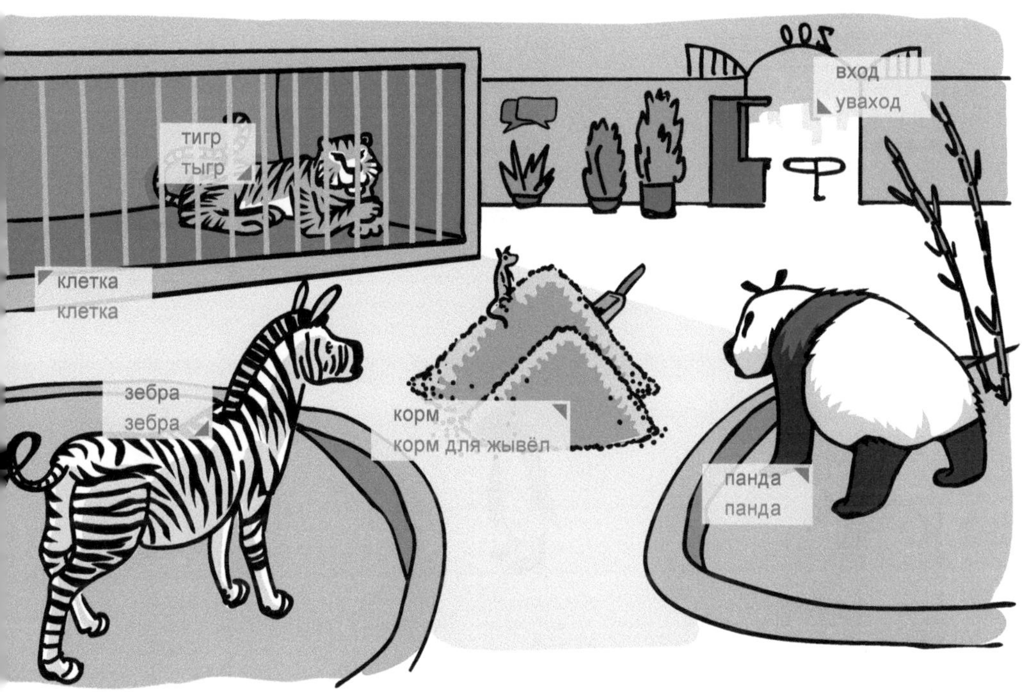
вход
уваход
тигр
тыгр
клетка
клетка
зебра
зебра
корм
корм для жывёл
панда
панда

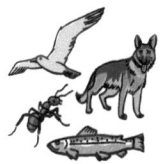

животные

жывёлы

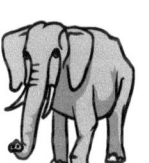

слон

слон

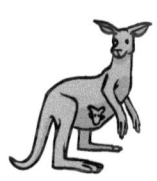

кенгуру

кенгуру

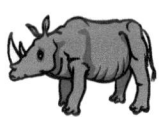

носорог

насарог

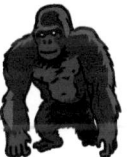

горилла

гарыла

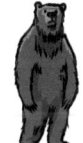

медведь

мядзведзь

верблюд

вярблюд

страус

стравус

лев

леў

обезьяна

малпа

фламинго

фламінга

попугай

папугай

белый медведь

белы мядзведзь

пингвин

пінгвін

акула

акула

павлин

паўлін

змея

змяя

крокодил

кракадзіл

служитель зоопарка

наглядчык заапарка

тюлень

цюлень

ягуар

ягуар

зоопарк - заапарк

пони
пońі

леопард
леапард

бегемот
бегемот

жираф
жыраф

орёл
арол

кабан
дзік

рыба
рыбак

черепаха
чарапаха

морж
морж

лиса
ліса

газель
газель

американский футбол
амерыканскі футбол

езда на велосипеде
веласпорт

теннис
тэніс

баскетбол
баскетбол

плавание
плаванне

хоккей
хакей з шайбай

бокс
бокс

футбол
футбол

бадминтон
бадмінтон

лёгкая атлетика
лёгкая атлетыка

гандбол
гандбол

лыжный спорт
горныя лыжы

поло
пола

действия

дзейнасць

прыгать
скакаць
обнимать
абдымаць
смеяться
смяяцца
идти
ісці
петь
спяваць
мечтать
марыць
молиться
маліцца
целовать
цалаваць

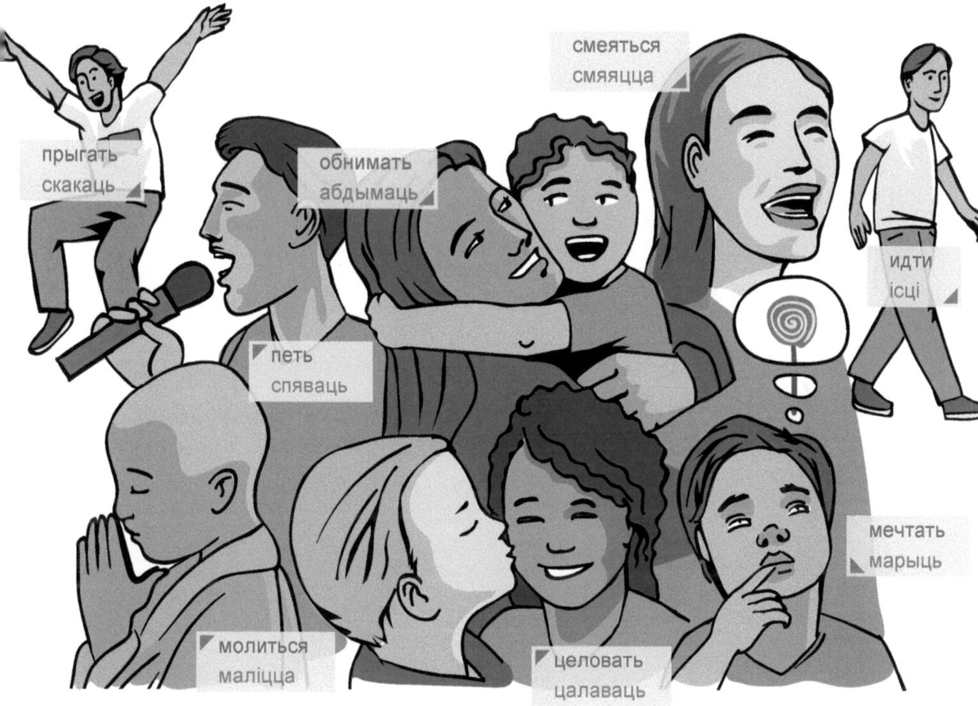

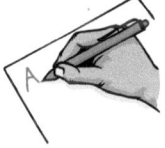

писать

пісаць

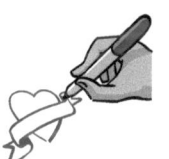

рисовать

маляваць

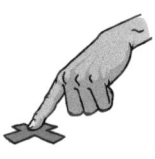

показывать

паказваць

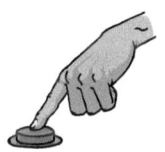

нажимать

націснуць

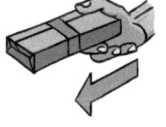

давать

даваць

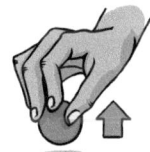

брать

браць

иметь

маць

делать

выконваць

быть

быць

стоять

стаяць

бежать

бегчы

тянуть

цягнуць

бросать

кідаць

падать

падаць

лежать

ляжаць

ждать

чакаць

носить

насіць

сидеть

сядзець

надевать

апранацца

спать

спаць

просыпаться

прачынацца

рассматривать

глядзець

плакать

плакаць

гладить

лашчыць

причесывать

прычэсвацца

говорить

гаварыць

понимать

разумець

спрашивать

пытаць

слушать

чуць

пить

піць

кушать

есці

наводить порядок

прыбіраць

любить

кахаць

готовить

гатаваць

ехать

ехаць

летать

лятаць

ходить под парусом

плаваць пад ветразем

считать

лічыць

читать

чытаць

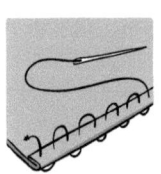

учиться

вучыць

работать

працаваць

вступать в брак

уступаць у шлюб

шить

шыць

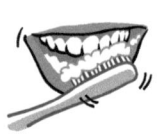

чистить зубы

чысціць зубы

убивать

забіваць

курить

курыць

отправлять

пасылаць

бабушка
бабуля

дедушка
дзядуля

папа
бацька

мама
маці

младенец
дзіця

дочь
дачка

сын
сын

гость

госць

тетя

цётка

дядя

дзядзька

брат

брат

сестра

сястра

тело

цела

лоб
лоб
глаз
вока
плечо
плячо
палец
палец
лицо
твар
подбородок
падбародак
кисть
рука
нога
нага
грудь
грудзі
рука
рука

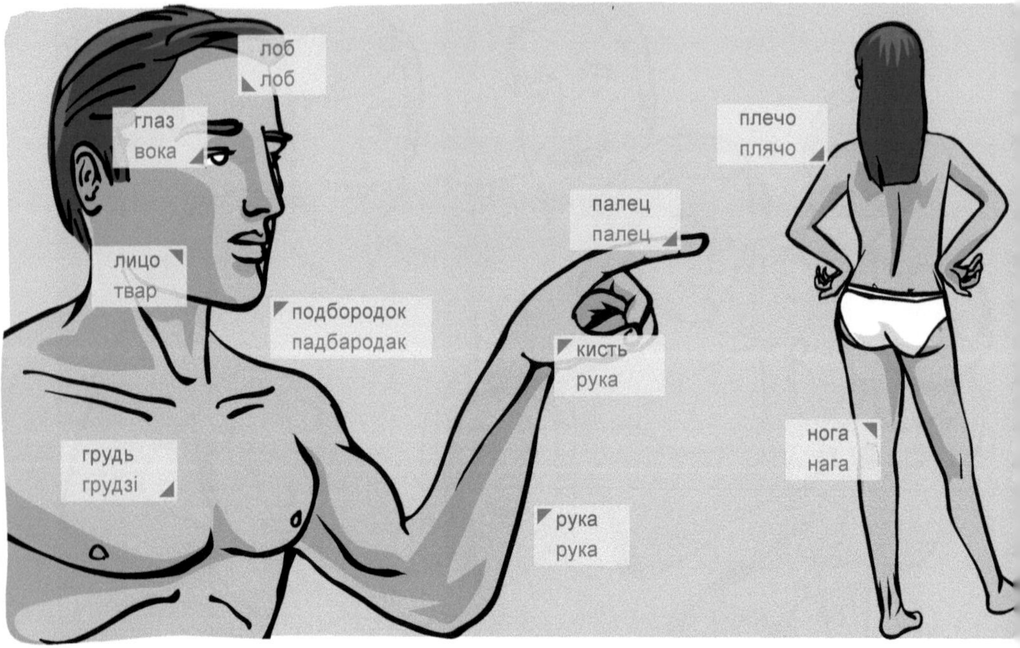

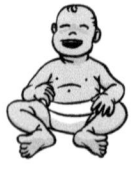

младенец

дзіця

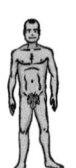

мужчина

мужчына

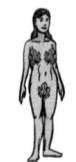

женщина

жанчына

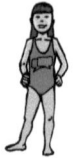

девочка

дзяўчынка

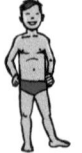

мальчик

хлопчык

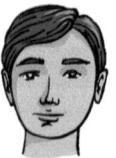

голова

галава

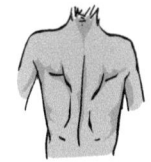

спина
спіна

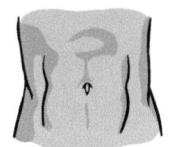

живот
жывот

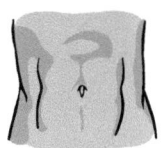

пупок
пуп

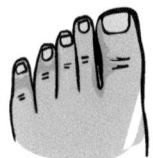

палец ноги
палец нагі

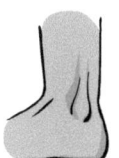

пятка
пятка

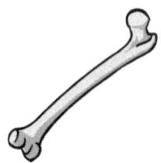

кость
костка

бедро
бядро

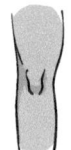

колено
калена

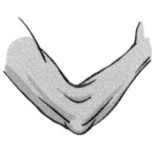

локоть
локаць

нос
нос

ягодицы
ягадзіца

кожа
скура

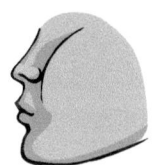

щека
шчака

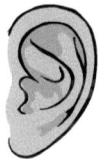

ухо
вуха

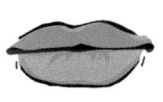

губа
губа

рот

рот

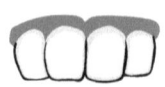

зуб

зуб

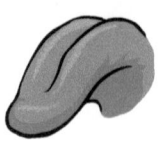

язык

язык

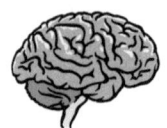

мозг

галаўны мозг

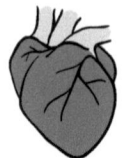

сердце

сэрца

мышца

мышца

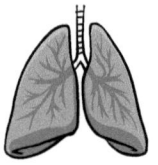

лёгкое

лёгкае

печень

пячонка

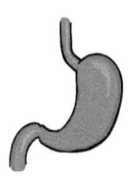

желудок

страўнік

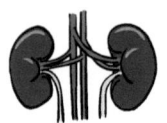

почки

ныркі

половой акт

сэкс

презерватив

прэзерватыў

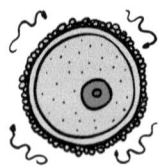

яйцеклетка

яйцаклетка

сперма

сперма

беременность

цяжарнасць

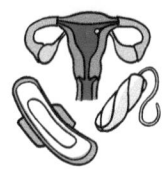

менструация

менструацыя

вагина

похва

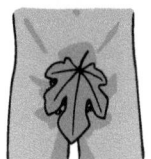

пенис

пеніс

бровь

брыво

волосы

валасы

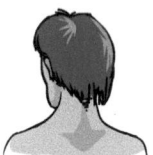

шея

шыя

больница

шпіталь

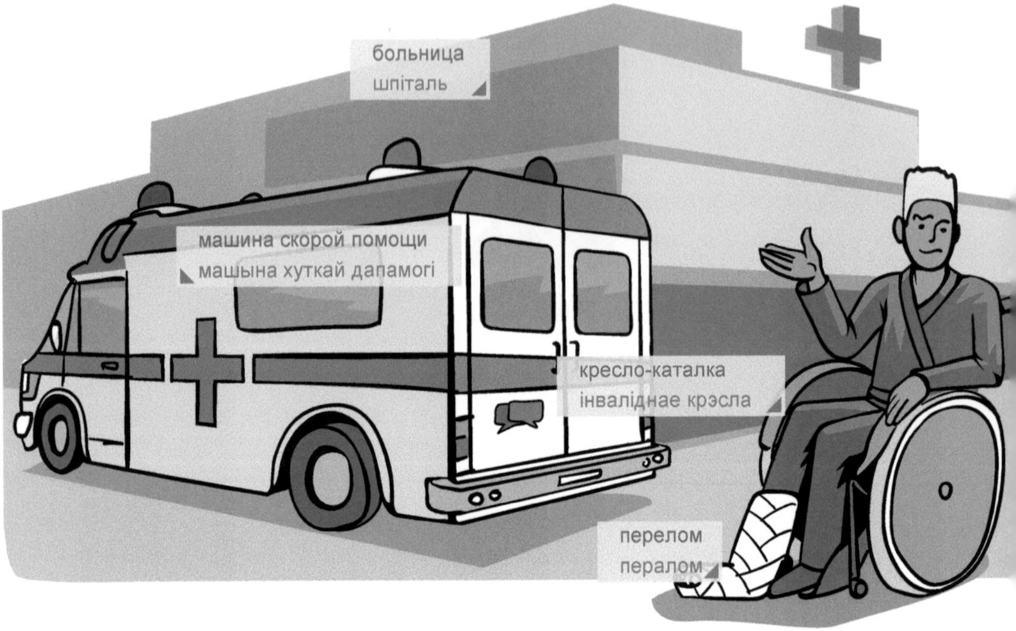

больница
шпіталь
машина скорой помощи
машына хуткай дапамогі
кресло-каталка
інваліднае крэсла
перелом
пералом

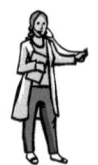

врач

доктар

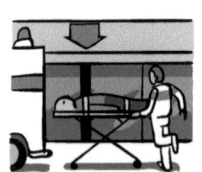

пункт первой помощи

аддзяленне першай дапамогі

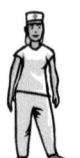

медсестра

медсястра

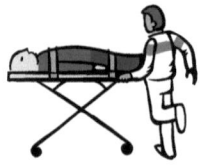

неотложный случай

экстраная дапамога

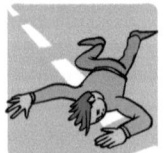

без сознания

непрытомны

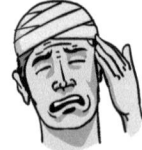

боль

боль

повреждение

траўма

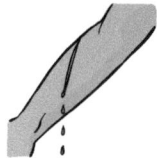

кровотечение

крывацёк

инфаркт

інфаркт

инсульт

апаплексія

аллергия

алергія

кашель

кашаль

овышенная температура

гарачка

грипп

грып

понос

панос

головная боль

галаўны боль

рак

рак

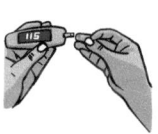

диабет

дыябет

хирург

хірург

скальпель

скальпель

операция

аперацыя

больница - шпіталь

КТ
КТ

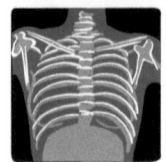

рентген
рэнтген

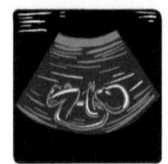

ультразвук
ультрагук

маска
маска

болезнь
хвароба

приёмная
пачакальня

костыль
мыліца

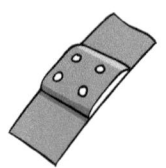

пластырь
пластыр

бинт
бінт

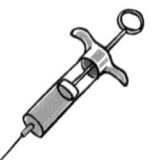

укол
ін'екцыя

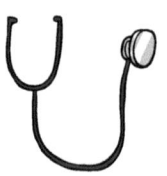

стетоскоп
стэтаскоп

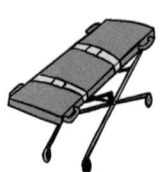

носилки
насілкі

термометр
градуснік

рождение
нараджэнне

избыточный вес
лішняя вага

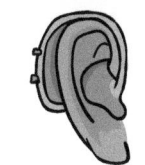

слуховой аппарат

слухавы апарат

дезинфекционное средство

дэзінфекцыйны сродак

инфекция

інфекцыя

вирус

вірус

ВИЧ / СПИД

ВІЧ/СНІД

лекарство

лекі

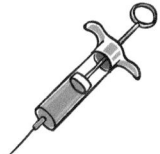

прививка

прышчэпка

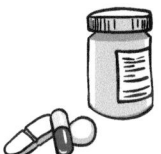

таблетки

таблеткі

противозачаточная таблетка

супрацьзачаткавая таблетка

экстренный вызов

экстраны выклік

прибор для измерения кровяного давления

танометр

больной / здоровый

хворы / здаровы

сигнал тревоги

сігналізацыя

нападение

напад

Помогите!

Ратуйце!

атака

атака

опасность

небяспека

запасной выход

аварыйны выхад

Пожар!

Пажар!

огнетушитель

вогнетушыцель

несчастный случай

аварыя

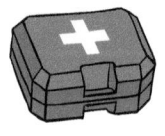

аптечка

аптэчка

SOS

СОС

милиция

паліцыя

Европа

Еўропа

Северная Америка

Паўночная Амерыка

Южная Америка

Паўднёвая Амерыка

Африка

Афрыка

Азия

Азія

Австралия

Аўстралія

Атлантический океан

Атлантычны акіян

Тихий океан

Ціхі акіян

Индийский океан

Індыйскі акіян

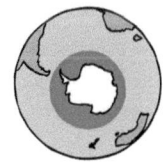

Антарктический океан

Паўднёвы ледавіты акіян

Северный Ледовитый
океан

Паўночны ледавіты акіян

Северный полюс

Паўночны полюс

Южный полюс

Паўднёвы полюс

Антарктика

Антарктыда

земля

Зямля

суша

краіна

море

мора

остров

востраў

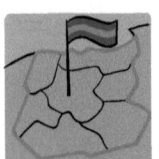

нация

нацыя

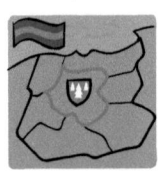

государство

дзяржава

циферблат

цыферблат

часовая стрелка

гадзінная стрэлка

минутная стрелка

хвілінная стрэлка

секундная стрелка

секундная стрэлка

Который час?

Колькі часу?

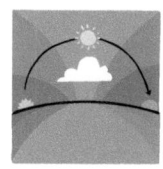

день

дзень

время

час

сейчас

зараз

электронные часы

электронны гадзіннік

минута

хвіліна

час

гадзіна

понедельник
панядзелак

MO

среда
серада

W

пятница
пятніца

FR

TU

TH

SA

вторник
аўторак

суббота
субота

SO

четверг
чацвер

воскресенье
нядзеля

вчера

ўчора

сегодня

сёння

завтра

заўтра

утро

раніца

полдень

абед

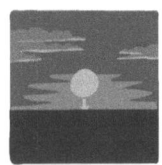

вечер

вечар

MO	TU	WE	TH	FR	SA	SU
1	2	3	4	5	6	7
8	9	10	11	12	13	14
15	16	17	18	19	20	21
22	23	24	25	26	27	28
29	30	31	1	2	3	4

рабочие дни

працоўныя дні

MO	TU	WE	TH	FR	SA	SU
1	2	3	4	5	6	7
8	9	10	11	12	13	14
15	16	17	18	19	20	21
22	23	24	25	26	27	28
29	30	31	1	2	3	4

выходные

выхадныя

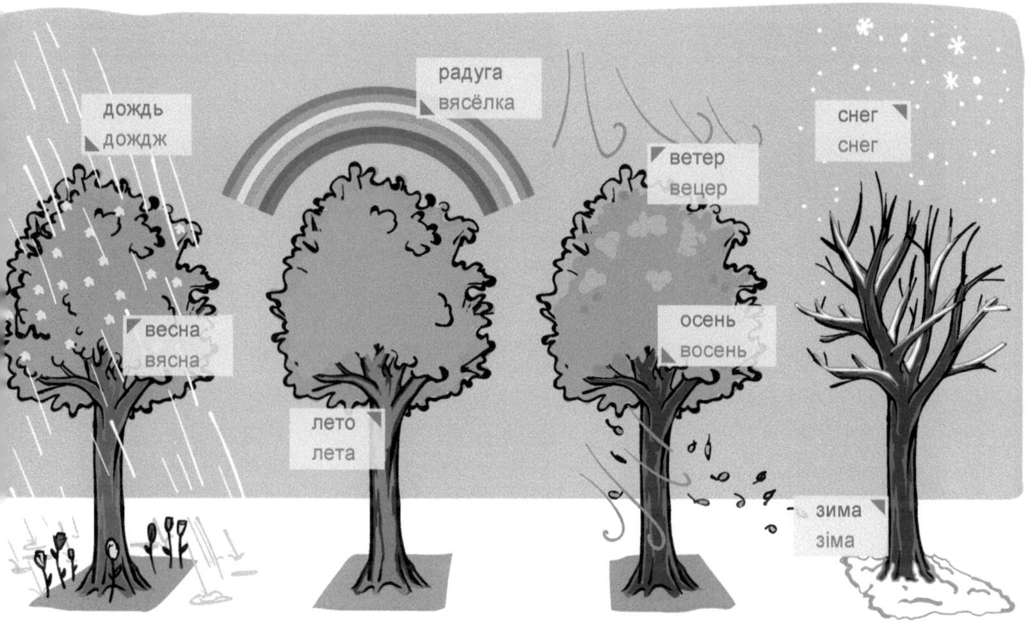

дождь
дождж
радуга
вясёлка
ветер
вецер
снег
снег
весна
вясна
лето
лета
осень
восень
зима
зіма

4.APRIL 11°
5.APRIL 4°
6.APRIL 13°
7.APRIL 8°
8.APRIL 10°

прогноз погоды

прагноз надвор'я

F
C
120
90
60
30
0
-30
40
30
20
10
0
-10
-20

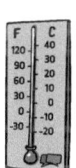

термометр

градуснік

солнечный свет

сонечнае святло

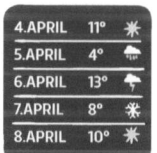

туча

воблака

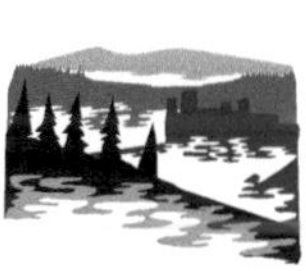

туман

туман

влажность воздуха

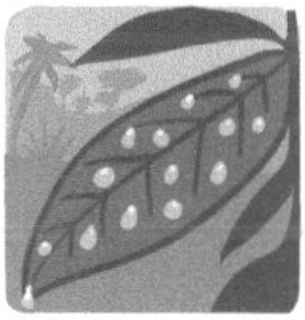

вільготнасць паветра

молния
....
маланка

гром
....
гром

буря
....
бура

град
....
град

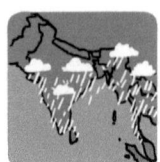

муссон
....
мусонны вецер

наводнение
....
прыліў

лёд
....
лёд

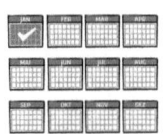

январь
....
студзень

февраль
....
люты

март
....
сакавік

апрель
....
красавік

май
....
май

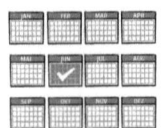

июнь
....
чэрвень

июль
....
ліпень

август
....
жнівень

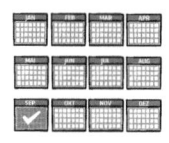

сентябрь

верасень

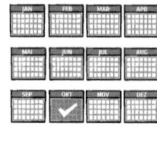

октябрь

кастрычнік

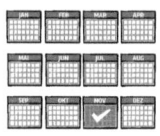

ноябрь

лістапад

декабрь

снежань

круг

круг

квадрат

квадрат

прямоугольник

прамавугольнік

треугольник

трохвугольнік

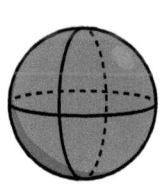

шар

шар

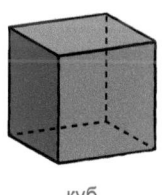

куб

куб

цвета

колеры

белый
....
белы

желтый
....
жоўты

оранжевый
....
аранжавы

розовый
....
ружовы

красный
....
чырвоны

лиловый
....
фіялетавы

синий
....
сіні

зелёный
....
зялёны

коричневый
....
карычневы

серый
....
шэры

черный
....
чорны

много / мало

шмат / мала

яростный / мирный

злы / добры

красивый / уродливый

прыгожы / брыдкі

начало / конец

пачатак / канец

большой / маленький

высокі / малы

светлый / темный

светлы / цёмны

брат / сестра

сястра / брат

чистый / грязный

чысты / брудны

полный / неполный

поўны / няпоўны

день / ночь

дзень / ноч

мёртвый / живой

мёртвы / жывы

широкий / узкий

шырокі / вузкі

съедобный / несъедобный

ядомы / неядомы

злой / дружелюбный

злы / добры

взволнованный /
скучающий
узбуджаны / нудны

толстый / худой

тоўсты / тонкі

сначала / в конце

першы / апошні

друг / враг

сябар / вораг

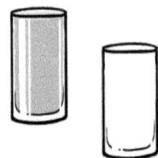

полный / пустой

поўны / пусты

твёрдый / мягкий

цвёрды / мяккі

тяжёлый / легкий

важкі / лёгкі

голод / жажда

голад / смага

больной / здоровый

хворы / здаровы

незаконный / законный

нелегальны / легальны

умный / глупый

разумны / дурны

слева / справа

левы / правы

близко / далеко

побач / далёка

новый / подержанный

новы / былы ва ўжыванні

ничто / нечто

нічога / нешта

старый / молодой

стары / малады

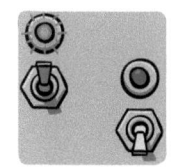

включено / выключено

укл / выкл

открыто / закрыто

адчынены / зачынены

тихо / громко

ціхі / гучны

богатый / бедный

багаты / бедны

правильный /
неправильный
правільна / няправільна

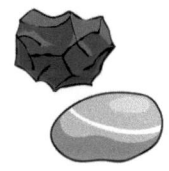

шероховатый / гладкий

шурпаты / гладкі

печальный / счастливый

сумны / шчаслівы

короткий / длинный

кароткі / доўгі

медленный / быстрый

павольны / хуткі

мокрый / сухой

вільготны / сухі

тёплый / прохладный

цёплы / халаднаваты

война / мир

вайна / мір

0

ноль

нуль

1

один

адзін

2

два

два

3

три

тры

4

четыре

чатыры

5

пять

пяць

6

шесть

шэсць

7

семь

сем

8

восемь

восем

9

девять

дзевяць

10

десять

дзесяць

11

одиннадцать

адзінаццаць

12

двенадцать

дванаццаць

13

тринадцать

трынаццаць

14

четырнадцать

чатырнаццаць

15

пятнадцать

пятнаццаць

16

шестнадцать

шаснаццаць

17

семнадцать

сямнаццаць

18

восемнадцать

васямнаццаць

19

девятнадцать

дзевятнаццаць

20

двадцать

дваццаць

100

сто

сто

1.000

тысяча

тысяча

1.000.000

миллион

мільён

английский

англійская

американский английский

англійская (Амерыка)

мандаринский китайский

кітайская мандарынская

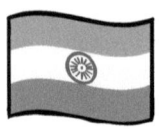

хинди

хіндзі

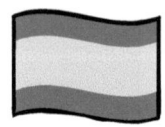

испанский

іспанская

французский

французская

арабский

арабская

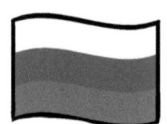

русский

руская

португальский

партугальская

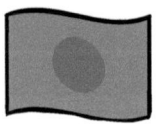

бенгальский

бенгальская

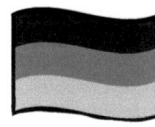

немецкий

нямецкая

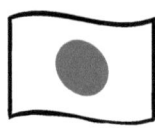

японский

японская

я
....
я

ты
....
ты

он / она / оно
....
ён / яна / яно

мы
....
мы

вы
....
вы

они
....
яны

кто?
....
хто?

что?
....
што?

как?
....
як?

где?
....
дзе?

когда?
....
калі?

имя
....
імя

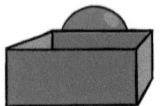

за
за

в
у

перед
перад

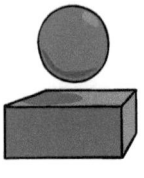

над
над

на
на

под
пад

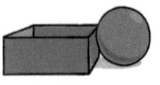

рядом
каля

между
паміж

место
месца